AF357177

DICT DV ROY,

PORTANT CREATION EN

tître d'Office formé & hereditaire, d'Vn
Receueur Particulier des Tailles en cha-
que Paroisse des ressorts des Cours des
Aydes de Paris, Roüen, Caën, Clermont-
Ferrand & Guyenne, Auec attribution de
douze deniers pour liure de toutes les som-
mes qui seront imposées sur les contribuables; & exemption de toutes Tailles, Taillon, & de toutes autres impositions & le-
uées, pouuoir de commettre & affermer.

*Verifié en la Cour des Aydes le vingt-septiéme
Ianuier 1639.*

A PARIS,

A. ESTIENE, C. PREVOST, S. CRAMOISY,
ROCOLET & S. CHAPELET, Imprimeurs
ordinaires du Roy.

S. Iacques, deuant l'Eglise S. Benoist, au College Royal.

M. DC. XXXIX.

Auec Priuilege de sa Maiesté.

OVIS par la grace de Dieu
Roy de France & de Nauarre,
A tous presés & à venir, Salut.
L'impofitió & collecte des deniers de nos Tailles fe trouue
tellemét retardée, Qu'encores
que nos Commiffions foient enuoyées és mois
de Nouembre & Decembre, pour les impofitions de l'année fuiuante : neantmoins les premiers deniers ne s'en payent à l'Efpargne le
plus fouuent que fur la fin des mois d'Aouft &
Septembre, à noftre grand prejudice & inte-
reft : Ce qui procede des difficultez qui fe ren-
contrent à la nomination & election des Af-
feurs & Collecteurs des Paroiffes ; pour rai-
fon dequoy il fe forme diuers procés par ceux
qui font éleus, contre les autres habitans, afin
d'eftre déchargez ; pendant le cours defquels
procés, l'affiete ny collecte ne fe fait : D'autres
habitans font éleus pour Collecteurs, lefquels
n'ayans peu ou point de bien, fe feruent & diuer-
tiffent les premiers deniers qu'ils leuent ; &
comme ils ne les peuuent remplacer, quittent
& abandonnent leurs Paroiffes, & laiffent les
autres habitans en peine de r'affeoir & leuer ce
que lefdits infoluables ont emporté. D'ailleurs

A ij

leſdits Collecteurs n'eſtans éleus que pour
année, negligent leurs charges, & ne pre
les habitans taillables au payement de l
cottes & taxes, craignans d'eſtre preſſez &
traitez és années ſuiuantes, par ceux de
habitans qui leur doiuent ſucceder en la
collecte. A quoy deſirant pouruoir, & eſta
vn bon & ſeur ordre en la leuée & collecte
dits deniers, meſmes à ce que noſdites Co
miſſions pour le faict de nos Tailles, eſtans
uoyées és Elections, les aſſietes & departem
en ſoient faites incontinent & ſans retar
ment par les Officiers deſditcs Elections,
les Paroiſſes qui en dependent, & que l'ega
& iuſtice y ſoit obſeruée, chargeant les Par
ſois riches & aiſées, au ſoulagement des p
ures & neceſſiteuſes, leſquelles pauures
roiſſes ſe trouuent ſurchargées, & les bon
& riches deſchargées; pour eſtre leſdites ric
& bonnes Paroiſſes, protegées & ſouſten
par aucuns des Officiers deſdites Elections
en reçoiuent de l'vtilité. Ce qui cauſe les ret
demens & non-valeurs qui arriuent eſdites P
roiſſes foibles & pauures, dont diuerſes plai
tes ont eſté faites en noſtre Conſeil: ſur le
quelles, enſemble ſur pluſieurs moyens à no
propoſez, pour corriger leſdits abus & les em
peſcher: L'affaire ayant eſté miſe en delibera
tion en noſtre Conſeil, où eſtoient noſtre tre
cher Frere vnique le Duc d'Orleans, aucun
Princes, Officiers de noſtre Couronne, & au
tres grands & notables Perſonnages de noſtre

§

...Conſeil; N o v s, de l'Aduis d'iceluy, & de
...ſtre certaine ſcience, plaine puiſſance & au-
...orité royale, Auons par le preſent Edict per-
...uel & irreuocable, creé & erigé, creons &
...geons en tiltre d'Office formé & hereditai-
...Vn Receueur Particulier des deniers de nos
...illes, & autres qui ſe leuent & impoſent ſur
...contribuables, ſoit pour nos affaires ou des
...rticuliers, en vertu de nos Lettres de Com-
...ſſion, & pour quelque cauſe & occaſion que
...ſoit, lequel Office ſera eſtably en chacune
...lle, Bourg & Paroiſſe taillables des reſſorts
...nos Cours des Aydes de Paris, Roüen, Caën,
...ermont-Ferrand & Guyenne, pour faire la
...cépte de tous les deniers qui ſe leueront és
...roiſſes de leur eſtabliſſement, ſoit pour la
...ille, Creuë ou autrement, en quelque ſorte
...maniere que ce ſoit, leſquels deniers ils ſe-
...nt tenus de porter de quartier en quartier,
...x termes accouſtumez, en la Ville de l'Ele-
...ion, és Bureaux des Receueurs qui les doi-
...nt receuoir : Et en cas qu'ils ne les ayent re-
...us à temps pour les payer auſdits termes, &
...e les Receueurs des Tailles, Taillon & au-
...es, auſquels leſdits deniers ſeront payables,
...cernent leurs contraintes & enuoyent des
...uiſſiers & Sergens pour faire leurs diligen-
...s, leſdits contribuables ſeront tenus des frais
...voyages deſdits Huiſſiers & Sergens, ſans
...e leſdits Receueurs Particuliers puiſſent
...tre contraints au payement deſdits frais de
...mmandement & execution : Et ne pourront

lefdits Receueurs Particuliers eftre contrai[n]
pour le payement de ce qui fera deu par les P[a]
roiffes de leur collecte, finon pour ce qu'i[ls]
auront receu des habitans, & iuftifieront au[x]
dits Receueurs des Tailles, Taillon, ou a[ux]
Huiffiers par eux enuoyez, ce qu'ils n'auro[nt]
peu receuoir, en leur reprefentant les Roll[es]
en vertu defquels ils feront la collecte, fur le[f]
quels lefdits Receueurs Particuliers cottero[nt]
& écriront les payemés au mefme inftant qu'i[ls]
leur feront faits par les habitans, afin de c[on]
gnoiftre par lefdits Receueurs des Taill[es]
Taillon & Officiers des Elections, les denie[rs]
que lefdits Receueurs Particuliers auront r[e]
ceus, & ce qui fera deu par lefdits habitan[s]
contre lefquels habitás, lefdits Huiffiers pou[r]
ront agir fur les écroües des Receueurs defd[i]
tes Elections, à la requefte dudit Receueu[r]
Particulier. Donnons neantmoins pouuo[ir]
aufdits Receueurs Particuliers, de faire fai[re]
tous exploits de faifies & contraintes, vente[s]
de biens & autres, en execution defdits Rol[
les, contre les redeuables, & de fe faire efco[r]
ter par telles perfonnes qu'ils aduiferont, fan[s]
demander autre permiffion. Voulons que [fi]
dans les Rolles des Tailles & autres deniers, i[l]
fe trouue, apres vne perquifition faite & cer[
tification du Curé, Vicaire ou Officiers d[u]
lieu, des cottifez qui eftoient lors que l'affiet[e]
a efté faite, infoluables, que lefdits Receueur[s]
Particuliers s'adreffent aux Affeeurs qui au[
ront fait l'affiete, pour eftre payez de ce qu'il[s]

auront manqué à receuoir pour raison de ce;
& s'ils sont insoluables, aux quatre principaux habitans les plus aisez & riches, pour
auoir payement desdites taxes, & les y contraindront par les voyes accoustumées, sans
qu'il leur soit besoin d'autre pouuoir, sauf ausdits Asseeurs ou principaux habitans leurs recours contre les autres habitans d'vne mesme
Paroisse, & de faire le reject de ce qu'ils auront payé ou aduancé pour lesdits insoluables
à la premiere assiete. Et afin que l'imposition
& leuée de nos deniers ne soit retardée à l'aduenir, Nous voulons & enjoignons tres ex-
pressement aux Officiers de chacune Election,
de proceder incontinent, & au plus tard huict
iours apres qu'ils auront receu nos Commissions, en presence des Receueurs des Tailles,
suiuant nos Ordonnances & Reglemens à l'assiette & departement desdits deniers sur les
Paroisses dependantes de leurs Elections, &
de garder l'égalité & iustice, ayant égard aux
facultez, puissances, incommoditez & impuis-
sances desdites Paroisses, sans vser d'aucunes
faueurs, soulagement & protection par lesdits Officiers, à l'endroit d'aucunes desdites
Paroisses, au preiudice des autres, à peine de
respondre par lesdits Officiers en leurs propres & priuez noms du retardement de nos deniers, & d'estre contraints solidairement au
payement des non-valeurs qui pourront arriuer faute d'auoir procedé ausdits departemens
auec égalité & justice. Voulons aussi que par

les Asseeurs qui seront éleus & nommez esdites Paroisses au commencement de chacune année, il soit procedé aussi-tost & au mesme temps qu'ils auront receu les Commissions de nosdits Officiers des Elections, à l'assiette & confection des Rolles des Tailles, à laquelle assiette ledit Receueur Particulier assistera si bon luy semble: & seront tenus lesdits Asseeurs faire verifier, signer, controller & sceller lesdits Rolles en la forme & maniere accoustumée, & les deliurer incontinent & sans delay ausdits Receueurs Particuliers, à peine d'estre contraints au payement & aduance du premier quartier des deniers imposez : & seront lesdits Asseeurs rembourssez par lesdits Receueurs Particuliers, des premiers deniers de leur recepte, de ce qu'ils auront aduancé pour la façon des Rolles & seaux d'iceux ; ausquels Receueurs Particuliers, nous auons attribué & attribuons douze deniers pour liure, pour tous droicts, salaires & émolumens, à prendre sur tous les deniers qui s'imposeront & leueront sur les contribuables des Paroisses de leur establissement, pour quelque cause & occasion que ce soit, en vertu de nos Commissions, soit pour nos affaires ou des particuliers, forts & excepté sur les deniers qui se leueront pour la subsistance des gens de guerre: lesquels douze deniers pour liure serōt compris au Rolle desdites impositions, & les retiendront lesdits Receueurs Particuliers par leurs mains, comme aussi nous leur auons attribué & attribuons pour

chacune

cun exploit de commandement qu'ils feront ou feront faire aux côtribuables de payer
leurs cottes, lefquels ne les auront payez dans
les termes & delais accouftumez, les mefmes
faires portez par les Reglemens & Arrefts
tant de noftre Confeil, que de nos Cours des
Aydes, fans qu'ils puiffent pretédre ny exiger
plus grands frais & falaires, à peine de concuffion : Comme auffi ne pourra eftre fait aufdits contribuables, faute de payemét, plus d'vn
ou deux commandemens pour chacun quartier, fauf à eftre contraints par faifies & ventes de biens: Lefquels Receueurs Particuliers,
pour les recompenfer & obliger à s'acquitter
dignement de leurs charges, nous auons exem-
pté & exéptons de toutes Tailles, Taillon, contributions & autres, mefmes des logemens des
gens de guerre, & de toutes charges de tutel-
les, curatelles, commiffaires des biens faifis, &
autres charges publiques & perfonnelles: en-
femble de la collecte & leuée de l'impoft du
Sel où ledit impoft a lieu, fans que pour iouïr
defdites exemptions. ceux qui font commerce
foient abftraints de le quitter, ou qu'ils puiffent eftre cottifez pour iceluy : Et ne feront
lefdits Receueurs Particuliers tenus des non-
valeurs, ny ne pourrót eftre pris ou contraints
pour principaux habitans, pour le payement
du total des impofitions qui feront faites fur
les Paroiffes de leur eftabliffement, ny à faute
de faire les Rolles ou autrement, pour quelque
caufe & occafion que ce foit : Et ne feront te-

nus de donner caution pour leur maniem
dont nous les auons déchargez & décharge
nous reseruant toutesfois vn special hypo
que sur leurs Offices, pour l'asseurance du m
niement de nos deniers, & sur tous leurs bie
en cas qu'ils ayent fait le maniemét de nofd
deniers: desquelles exemptions & attributio
les pourueus desdits Offices ou Commis iou
ront du iour de leurs Prouisions, Contracts
Commissions. Permettons à toutes personn
de leuer vn ou plusieurs des Offices susdits, sou
vn mesme côtract, les exercer, faire exercer p
vn ou plusieurs Commis, ou donner à ferm
ainsi qu'ils aduiseront bon estre, à la charg
que ceux qui affermeront lesdits Offices, de
meurerent responsables du maniement de
Commis, & que lesdits Offices demeureron
pareillement affectez, lesqueis Commis ioui
ront de tous lesdits priuileges, exemptions des
dites Tailles & impositions, au lieu desdits Pro
prietaires, en sorte qu'il n'y ayt qu'vn seul
exempt pour chacune Paroisse: Comme aussi
pourront ceux qui serót pourueus desdits Offi
ces, leur vefue & heritiers, successeurs & ayans
cause, les vendre, ceder ou transporter con
jointement ou separément, auec les mesmes
droicts, exemptions, priuileges, pouuoir de
commettre & affermer à telles personnes que
bon leur semblera, lesquelles personnes se
ront receus à l'exercice desdits Offices, en ver
tu des Contracts qui leur en seront passez par
lesdits Proprietaires, en faisant seulement en-

giftrer leurs Prouifions, Contracts ou Commiffions, & en preftant le ferment pardeuant
les Officiers des Elections de leur eftabliffement, fans qu'ils foient obligez de prendre at-
tache des Treforiers Generaux de France : Et
fera pour ce payé, fçauoir aux Eleus, quatre li-
ures, & à nos Subftituts des Procureurs Generaux, le tiers de ladite fomme, & le tiers auffi
aux Greffiers, leur faifant defenfes d'en prendre ny exiger dauantage, à peine de concuffion. Et afin que nofdits deniers ne foiét retar-
dez, Nous voulons qu'en attendant l'eftabliffement defdits Offices, la collecte defdits
deniers foit faicte en la maniere accouftu-
mée, mefmes defdits douze deniers pour liure, pour eftre payez de quartier en quartier,
aux Commis qui feront eftablis en la ville du
Siege de chacune Election, fans en retenir aucune chofe pour pretendus falaires & vaca-
tions, à quoy faire ceux qui les auront receus
feront contraints comme pour nos propres
deniers & affaires : Et en cas de differend pour
l'exercice des charges defdits Receueurs Particuliers ou Commis, & de la plaine iouïffance
defdites exemptions & priuileges, la iurifdi-
ction & cognoiffance en appartiendra en premiere inftance, aux Eleus où chacune Paroiffe
reffortit, priuatiuement à tous autres Iuges, &
par appel à la Cour des Aydes : & pour leurs
affaires particulieres, ne pourront eftre action-
nez que par deuant les plus prochains Iuges Royaux, laiffant à leur choix de prendre

des Contracts qui ferót expediez par les Com-
miſſaires par nous deputez pour la vente deſdits Offices , ſur les quittances de Finances du
Treſorier de nos Parties Caſuelles , ou Lettre
de prouiſion de noſtre grãd Seau: Et au moyen
de ladite heredité, leſdits Receueurs Particuliers ne pourront eſtre cenſez ny seputez do-
maniaux , ſujets à ſuppreſſion , reuente . dou-
blement ou ſupplément, pour quelque cauſe
& maniere que ce ſoit, attendu la neceſſité de
leurs fonctions.

SI DONNONS EN MANDEMENT à
nos amez & feaux Conſeillers les Gens tenans
nos Cours des Aydes à Paris, Roüen, Caën,
Clermont.ferrand & Guyenne, Que le preſent
Edict ils facent lire, publier, enregiſtrer, le
contenu en iceluy, garder & obſeruer inuiola-
blement, ſans ſouffrir qu'il y ſoit contreuenu
en aucune ſorte & maniere que ce ſoit, non-
obſtant oppoſitions ou appellations quelcon-
ques, & tous Edicts, Ordonnances, Arreſts,
Reglemens, Defenſes, Priuileges & autres
Lettres à ce contraires, auſquelles & aux dérogatoires des dérogatoires y contenuës, nous
auons dérogé & dérogeons par ceſdites preſentes, aux copies deſquelles deuëment colla-
tionnées par l'vn de nos amez & feaux Conſeillers & Secretaires, foy ſera adiouſtée comme au preſent original : CAR tel eſt noſtre
plaiſir . Et afin que ce ſoit choſe ferme & ſta-
ble à toujours, nous auons fait mettre noſtre
Seel à ceſdites preſentes, ſauf en autres choſes

ſtre droiꝯ & l'autruy en toutes. DONNE'
ſainꝯ Germain en Laye au mois de Decem-
e, l'an de grace mil ſix cens trente huiꝯ , &
noſtre regne le vingt-neufiéme. Signé,
OVIS: & plus bas, Par le Roy, DE LO-
ENIE , & ſcellé du grand Seau de cire
rte, en lacs de ſoye rouge & verte. Et encor
écrit :

Reriſtrées en la Cour des Aydes, du tres-exprés
mmandement du Roy, Oüy ſon Procureur Gene-
l, pour eſtre executees ſelon leur forme & teneur,
inant les charges portées par l'Arreſt donné ce
rd'huy. A Paris, les Chambres aſſemblées, le
ingt-ſeptiéme Iannier mil ſix cens trente-neuf.
Signé, BOVCHER.

XTRAICT DES REGISTRES
de la Cour des Aydes.

VEV par la Cour, les Chambres aſſemblées, les Lettres Patentes du Roy en for-
e d'Ediꝯ, données à Sainꝯ Germain en Laye
u mois de Decébre mil ſix cens trente-huiꝯ,
ſignées, LOVIS, & plus bas, Par le Roy, DE
LOMENIE, à coſté, viſa, & ſcellées en lacs de
ſoye verte & rouge du grand Seau de cire verte : par leſquelles, & pour les cauſes y contenuës, ſa Majeſté ayant mis l'affaire en delibe-
ration en ſon Conſeil, où eſtoient ſon Frere

vnique le Duc d'Orleans, & autres Princes
Officiers de la Couronne, grands & notabl
Perſonnages de ſondit Conſeil : DE l'Adu
d'iceluy, & de ſa certaine ſcience, plaine pui
ſance & authorité royale, par ledit Edict pe
petuel & irreuocable, creé & erigé en chef &
tiltre d'Office formé & hereditaire, Vn Rece
ueur Particulier des deniers de ſes Tailles, &
autres qui ſe leuent & impoſent ſur les contri
buables, ſoit pour ſes affaires ou des Particu
liers, en vertu de ſes Lettres de Commiſſion, &
pour quelque cauſe & occaſion que ce ſoit,
lequel Office ſera eſtably en chacune Ville,
Bourg & Paroiſſe taillable des reſſotts de
Cours des Aydes de Paris, Roüen, Caën, Cler-
mont-Ferrand & Guyenne, pour faire la recepte de tous les deniers qui ſe leueront és Paroiſſes de leur eſtabliſſement, ſoit pour la Tail-
le, Creuë ou autrement, en quelque ſorte &
maniere que ce ſoit : leſquels deniers ils ſeront
tenus de porter de quartier en quartier aux termes accouſtumez, en la Ville de l'Election, és
Bureaux des Receueurs qui les doiuent receuoir : & en cas qu'ils ne les ayēt receus à temps
pour les payer auſdits termes, & que les Receueurs des Tailles, Taillon & autres, auſquels
leſdits deniers ſeront payables, decernēt leurs
contraintes, & enuoyent des Huiſſiers & Sergens pour faire leurs diligences, leſdits contribuables ſeront tenus des frais & voyages deſdits Huiſſiers & Sergens, ſans que leſdits Receueurs Particuliers puiſſent eſtre contraints

au payement defdits frais de commandement
& execution : & ne pourront lefdits Receueurs Particuliers eftre contraints pour le
payement de ce qui fera deu par les Paroiffes
de leur collecte, finon pource qu'ils auront receu des habitans, & iuftifieront aufdits Receueurs des Tailles, Taillon, ou aux Huiffiers par
eux enuoyez, ce qu'ils n'auront peu receuoir,
en leur reprefentant les Rolles en vertu defquels ils feront la collecte, fur lefquels lefdits
Receueurs Particuliers cotteront, écriront les
payemens au mefme inftant qu'ils leur feront
faits par les habitans, afin de cognoiftre par
lefdits Receueurs des Tailles, Taillon & Officiers des Elections, les deniers que lefdits Receueurs Particuliers auront receus, & ce qui
fera deu par lefdits habitans, contre lefquels
habitans lefdits Huiffiers pourront agir fur les
écroües des Receueurs defdites Elections, à la
requefte dudit Receueur Particulier ; donnant
neantmoins pouuoir aufdits Receueurs Particuliers, de faire faire tous exploits de faifies &
contraintes, vente de biens & autres, en execution defdits Rolles, contre les redeuables, &
de fe faire efcorter par telles perfonnes qu'ils
aduiferont, fans demander autre permiffion.
Veut fadite Majefté, que fi dans les Rolles des
Tailles & autres deniers, il fe trouue apres vne
perquifition faite, & vne certification du Curé,
Vicaire ou Officiers du lieu des cottifez, qui
eftoient lors que l'affiete a efté faite infoluables, que lefdits Receueurs Particuliers s'adref-

sent aux Asseeurs qui auront fait l'assiete, pour
estre payez de ce qu'ils auront manqué à receuoir pour raison de ce; & s'ils sont insoluables,
aux quatre principaux habitans les plus aisez
& riches, pour auoir payement desdites taxes,
& les y contraindront par les voyes accoustumées, sans qu'il leur soit besoin d'autre pouuoir, sauf ausdits Asseeurs ou principaux habitans leurs recours contre les autres habitans
d'vne mesme Paroisse, & de faire le rejet de ce
qu'ils auront payé ou aduancé pour lesdits insoluables à la premiere assiete: Et afin que l'imposition & leuée de ses deniers ne soit retardée
à l'aduenir, sa Majesté veut & enioint tres-
expressément aux Officiers de chacune Election, de proceder incontinent & au plus tard
huict iours apres qu'ils auront receu les Commissions, en presence des Receueurs des Tailles, suiuant les Ordonnances & Reglemens, à
l'assiete & departement desdits deniers sur les
Paroisses dependantes de leurs Elections, & de
garder l'egalité & iustice, ayant égard aux facultez, puissances, incommoditez & impuis-
sances desdites Paroisses, sans vser d'aucune fa-
ueur, soulagement & protection par lesdits
Officiers, à l'endroit d'aucunes desdites Paroisses, au prejudice des autres, à peine de respondre par lesdits Officiers en leurs propres &
priuez noms, du retardement de ses deniers, &
d'estre contraints solidairement au payement
des non-valeurs qui pourroient arriuer à faute
d'auoir procedé ausdits departemens auec égalité

lité & iustice. Veut aussi sadite Majesté, que
par les Asseeurs qui seront éleus & nommez
esdites Paroisses au commencement de chacune année, il soit procedé aussi tost & au mesme
temps qu'ils auront receu les Commissions des
Officiers des Elections, à l'assiete & confection
des Rolles des Tailles, à laquelle assiete ledit
Receueur Particulier assistera si bon luy semble : & seront tenus lesdits Asseeurs faire verifier, signer, controller & seeller lesdits Rolles
en la forme & maniere accoustumée, & les deliurer incontinent & sans delay ausdits Receueurs Particuliers, à peine d'estre contraints
au payement & aduance du premier quartier
des deniers imposez: Et seront lesdits Asseeurs
rembourszez par lesdits Receueurs Particuliers, des premiers deniers de leur recepte, de
ce qu'ils auront aduancé pour la façon, rolles
& seaux d'iceux: Ausquels Receueurs Particuliers, sa Majesté attribuë douze deniers pour
liure de tous droicts, salaires & émolumens, à
prendre sur tous les deniers qui s'imposeront
& leueront sur les contribuables des Paroisses
de leur establissement, pour quelque cause &
occasion que ce soit, en vertu de ses Commissions, soit pour ses affaires ou des Particuliers,
ors & excepté sur les deniers qui se leueront
pour la subsistance des gens de guerre, lesquels
douze deniers pour liure seront compris aux
rolles desdites impositions, & les retiendront
lesdits Receueurs Particuliers par leurs mains,
Comme aussi leur est attribué pour chacun

exploit de commandement, qu'ils feront ou
feront faire aux contribuables, de payer leurs
cottes, lefquels ne les auront payez dans les
termes & delais accouftumez, les mefmes falaires portez par les Arrefts & Reglemens tant
de fon Confeil que de fes Cours des Aydes,
fans qu'ils puiffent pretendre ny exiger plus
grands frais & falaires, à peine de concuffion.
Comme auffi ne pourra eftre fait aufdits contribuables, faute de payement, plus d'vn ou
deux commandemens pour chacun quartier,
fauf à eftre contraints par faifies & ventes de
biens : Lefquels Receueurs Particuliers, pour
les recompenfer & obliger à s'acquitter dignement de leurs charges, iouïront & leur eft attribué, exemptions de toutes Tailles, Taillon,
contributions & autres, mefme de logemens
de gens de guerre, & autres charges plus am-
plement fpecifiées par lefdites Lettres adref-
fantes à ladite Cour pour la verification d'icel-
les : Conclufions du Procureur General du
Roy, & tout confideré : LA COVR, du tres-
exprés commandement du Roy, a ordonné &
ordonne lefdites Lettres eftre regiftrées au
Greffe d'icelle, pour eftre executées felon leur
forme & teneur, à la charge que lefdits Receueurs Particuliers ou leurs Commis, feront tenus de faire recepte entiere des deniers impo-
fez en chacune Paroiffe, ou feulemét du droict
à eux attribué, qu'ils receuront par les mains
des Affeeurs & Collecteurs ; ce qu'ils declare-
ront auparauant qu'il foit procedé à l'affiette

des Tailles: Et ne feront refponfables des cottes des Particuliers infoluables, ny les principaux des Paroiffes contraints, finon confor-
mément aux Edicts, Arrefts & Reglemens de
la Cour ; & à la charge auffi que les procés &
differents qui interuiendront pour ce, feront
traitez en premiere inftance deuant les Eleus,
& par appel en la Cour. FAICT à Paris en la
Cour des Aydes le vingt-feptiéme iour de Ianuier mil fix cens trente-neuf.

Signé, BOVCHER.

*Collationné aux originaux par moy Confeil-
ler Secretaire du Roy & de fes Finances.*